Kriminal-Sonette

Friedrich Eisenlohr

Livingstone Hahn, Ludwig Rubiner

Alpha Editions

This edition published in 2022

ISBN : 9789356788596

Design and Sctting By
Alpha Editions
www.alphaedis.com
Email - info@alphaedis.com

As per information held with us this book is in Public Domain.
This book is a reproduction of an important historical work. Alpha Editions uses the best technology to reproduce historical work in the same manner it was first published to preserve its original nature. Any marks or number seen are left intentionally to preserve its true form.

Contents

Das Kriminal-Sonett

Auf steilen Dächern rennt ein Herr im Frack,
Ein Polizeihelm stieg aus dunklem Schachte.
In Höfen ward es laut. Ein Browning krachte.
Man prügelt Fremde. Einen rührt der Schlag.

Im Haus der Gräfin tanzte man und lachte;
Die Kenner freuten sich am Japan-Lack.
FRED nebenan schob Erb-Schmuck in den Sack,
Indes DER FREUND die offne Tür bewachte.

Der Spürhund wedelt eifrig durch die Stadt;
Ein Kommissar führt wichtig seine Liste.
Die Zeugensprüche füllen manches Blatt.

Zu Haus greift Fred in die Imp[illegible]
Der Freund am Spiegel streicht den Scheitel glatt.
Dann führt man Tagebuch als Belletriste.

Kapital

Gold

FRED wird in einem braunen Tabakballen
Vom Hafen auf die Zollstation getragen.
Dort schläft er, bis die Schiffsuhr zwölf geschlagen.
Erwacht und schleicht sich in die Lagerhallen.

Am Gold-Depot, wo trunkne Wächter lallen,
Läßt er den kleinen Mörtelfresser nagen,
Bis wie beim Kartenhaus die Mauern fallen.
Dann lädt er Gold in einen Grünkohlwagen.

Als Bauer fährt er sächselnd durch den Zoll.
Doch dort verraten ihn zwei blanke Barren.
Berittne jagen den Gemüsekarren.

Fred sinnt verwirrt, wie er sich retten soll.
Da sitzt DER FREUND in hoher Eberesche
Und schießt ihm pfeiferauchend eine Bresche.

Das Holzbein

FRED hatte sich ein Holzbein vorgeschnallt
Und hockt am Kaufhaus, wo die Droschken stehn.
Nach hinten greift er mit den freien Zeh'n.
Es reicht DER FREUND ihm aus dem Kellerspalt

Das Kontobuch mit dem Bilanzvergehn.
Notizen in der Zeitung „Volksgewalt“.
Dem Aufsichtsrate wird es heiß und kalt.
Der Aktiensturz läßt sich nicht übersehn.

Zwei Ledersessel vor dem Samowar.
Direktor Clifford bietet immer mehr.
(In faulen Wechseln. — Fred besteht auf bar. —)

Der Handel schwankt gerissen hin und her.
Ruin? Fred lacht gefährlich wie ein Zar:
Schlag zwölf Uhr ist er Kaufhaus-Sozietär.

Die Schreckenskammer

Der Bankherr führt ins Wachspanoptikum
Die junge Braut. FRED an der Guillotine,
In Henkersmantel und maskierter Miene,
Steht täuschend wächsern, steifgereckt und stumm.

DER FREUND, als Führer, zeigt die „Folterbiene".
Die „Daumenschrauben", das „Bein-dreh-dich-um",
Die Totenmaske von Napolium —
Und weist erklärend auf die Mordmaschine.

Der Snob, gereizt, versucht den kleinen Witz.
Fred drückt gelassen auf den Messerknopf:
Die Schneide saust herab gleich einem Blitz.

Sie hält drei Millimeter überm Kopf.
Die Freunde nehmen dem Millionenfex
Brillanten, Uhr, sowie die Reiseschecks.

Die Ahnengruft

Mit Chopins Trauermarsch vorm Leichenwagen
Begräbt man FRED. DER FREUND, vom Kutschbock, lenkt.
Als der Kaplan des Toten warm gedenkt,
Hat Fred bereits sechs Särge aufgeschlagen.

Er wühlt die Perlen aus den Knochenlagen,
Die Barbarossa dem Geschlecht geschenkt;
Vom Seil, das nachts der Freund herabgesenkt,
Wird er gleich einem Taucher hochgetragen.

Aus dem Erlös kauft Fred den Hydroplan
Der Deutschen Adlerwerke, und erringt
Den Damenpreis von San Sebastian.

Der Freund erwartet ihn am Stromboli.
Ein Fest im Krater, wo Caruso singt:
Fred liebt doch so Puccinis: „O Mimi . . .“!

In Serbien

Am grauzerfallnen Schloß im Land der Serben
Putzt FRED den Rost der alten Eingangstür.
Tags drauf erweist man gastliche Gebühr
Dem südaustralischen Milliarden-Erben.

Fred streift bei Tisch die Sage vom Vampyr,
„Der brachte manchem Fremdling schon Verderben.“
Der Gast lacht kühl. Doch Fred wird heimlich färben
Ein großes Tuch mit Phosphor-Cyanür.

Nachts wird dem jungen Zweifler plötzlich kraus:
Das Bett springt hoch; ein Leuchten von Skeletten,
Und Flügel einer Riesenfledermaus.

Der Gast fühlt sich gepackt wie eine Laus.
In Todesnöten schreibt er einen fetten
Betrag: die Seele des Vampyrs zu retten.

Der Juliusturm

Durch Spandau tummelt FRED als Sonntagsreiter.
Da alarmiert DER FREUND die Feuerglocken.
Die Wachmannschaft läßt sich vom Lärm verlocken.
Fred stiehlt hiebei die große Rettungsleiter,

Und trabt zum Juliusturm. Auf Gummisocken
Schleicht er sich an. Schon röchelt ein Gefreiter.
Es naht der Freund auf seinem Fiatgleiter;
Man packt das Kriegsgold auf wie Semmelbrocken.

Das schlechte Goldfeld „Puck" in Uruguay
Wird mit dem eingeschmolznen Schatz gesalzt.
Die Minenjobber landen in der Bai.

Die Puckshares gehn in niegeahnte Hausse.
Fred, der bei Rotschild fette Austern schnalzt,
Funkt selbst den Börsenkrach an Rudolf Mosse.

Die Haft

Das Feuerzeichen winkt. FRED in der Zelle
Erkennt DEN FREUND. Das Gitter bricht zerfeilt.
Er hat sich mit dem Bettuch angeseilt.
Hell gellt Alarm von der Gefängnisschelle.

Die Wache schießt, da er zur Mauer eilt.
Schon steht er oben. Schwarz gähnt das Gefälle.
Die Kugeln schwirrn um ihn wie Kinderbälle,
Als ein Aeroplan die Luft zerteilt.

Befreit. Hoch überm Lichtmeer schräg und blank
Surrt der Propeller scharf wie eine Fräse.

Sie landen auf dem Dach der Deutschen Bank.

Sirenensang von einem Knallgebläse.
Man legt Termit ans kleine Loch im Schrank —
Der Arnheim bröckelt wie ein Roquefortkäse.

Detektivisches

Das Rentamt

FRED in der Maske eines Rechnungsrats
Schritt bärtig auf das Zimmer Nummer Vier.
Er wühlt gelassen unterm Amtspapier,
Verlangt die Kassenschlüssel; und man tats.

DER FREUND erwartet ihn beim Pilsner Bier
Im Kinderkragen eines Kieler Maats.
Man lebt bescheiden von dem Geld des Staats
(Die Bombe brütet schon im Safe-Revier).

Das Rentamt platzt um neun mit dumpfem Knall.
Der Stadtteil brennt. Im Opelwagen fuhren
Fred und der Freund zum Bayreuth-Parsifal.

GREIFF (Meisterdetektiv) hat ihre Spuren.
Noch muß er warten in dem Festspielschwall.
Man harrt des Kampfs und lächelt wie Auguren.

Der Postsack

Als der Expreß auf offnem Felde stand,
Durchschritt DER FREUND die aufgestörten Wagen.
Die Maske vor, den Browning angeschlagen
Rief er mit sanfter Stimme: „Hoch die Hand!"

FRED hat bereits den Postsack weggetragen.
Das Auto nimmt sie auf am Waldesrand.
Zehn Stunden Fahrt. Ein Schiff, das sie bemannt,
Muß den Rekord „Prinzeß Luise" schlagen.

DETEKTIV GREIFF folgt auf armierter Jacht.
Fred sichtet ihn; er prüft die Wassertanke.
Ein Seegefecht in einer Tropennacht.

Freds Stückschuß trifft ihn zischend in die Flanke.
Ein Feuerschein. Die Pulverkammer kracht.
Greiff rettet sich auf einer schmalen Planke.

Karnevalslist

DETEKTIV GREIFF in violetter Seide
Verfolgt zwei Masken hinters Karussell;
DER FREUND als Doge, FRED als Wilhelm Tell
Bezeichnen einen Baum mit weißer Kreide.

Dann tönen Käuzchenschrei und Hundsgebell.
Zwei Männer nahn verkappt im Frauenkleide.
Vier gegen eins! Man schleppt Greiff in die Haide
Und näht ihn hurtig in ein Eisbärfell.

Der Ferndraht spielt bis zu den Balearen.
Der schweren Suche läßt sichs nicht verdrießen
Ein Aufgebot von fünfzehn Kommissaren.

Man findet einen Sack, der Sack muß nießen.
Greiff wird befreit, doch mit gebleichten Haaren:
Fred und der Freund sind gegen Blutvergießen.

Der Diebstahl im Louvre

Schon barg DER FREUND im Beinkleid den Giorgione
Und hinkt zum Ausgang wie ein Känguruh,
DETEKTIV GREIFF hält ihm die Türe zu
Und präpariert die erste blaue Bohne.

Indes zieht FRED den Browning aus dem Schuh
Und lädt ihn mit der Chloroformpatrone.
Man läßt dem steifen Greiff in hellem Hohne
Ein Aktenstück. (Die Pläne zu dem Coup.)

Das Bildnis reist in einem Teleskope
Nach Mexico zum großen Kupfer-King.
In der Kapelle segnet es sein Pope.

Man tröstet Greiff, der schon am Stricke hing.
Fred fährt als reicher Forscher in die Trope
Und fängt dort den Hyänen-Schmetterling.

Das Wunder

DER FREUND versucht sein Glück auf eigne Faust.
Im dunklen Saal der reichen Spiritisten
Lärmt er als Geist in streng verschlossnen Kisten.
Wonach er goldne Taschenuhren maust.

GREIFF hat das Glück, ihn schnell zu überlisten.
Das Licht flammt auf. Der Dieb wird arg gezaust.
Als ihm der Klopftisch in den Nacken saust,
Sehnt er sich so nach Fred, dem hart vermißten.

Da donnerts unterm Saal. Das Licht wird grün.
Aus schwarzem Loch steigt bleich der Alte Fritz.
Im Hintergrund sieht man drei Eichen blühn.

Den Wagehals umarmt FRED (denn er wars)!
Sie tauchen unter im Magnesiumblitz.
Zum Trost führt Fred den Freund in kleine Bars.

Der Festschmaus

Vergiftet sind die gelben Berberfische,
Eh noch der Wagen mit den Trustherrn naht.
DETEKTIV GREIFF erfährt dies durch Verrat.
FRED schleppt den Fallschirm in die Schloßturmnische.

DER FREUND — das keiner aus dem Haus entwische
Vom prassenden Getreidesyndikat —
Legt um den runden Saal Elektrodraht.
Die Gäste stürzen sterbend auf die Tische.

Greiff hat das Schloß mit Militär umstellt.
Der Luftschirm trägt die Freunde fort und fällt.
Man dringt ins Haus. Greiff tritt auf den Kontakt.

Spät birgt man Leichen, blutig und zerhackt.
Fred fälscht indes der Trustherrn Testamente,
Und zieht als Erbe eine Krösusrente.

Menschlichkeit

Der Rennskandal

Am Sattelplatz hört man die Tips laut nennen.
FRED ist im Stall auf kurze Zeit allein:
Er dopt den schlechten Starter „Sonnenschein“
(Der Gaul geht glänzend ab, und macht das Rennen.)

Zwei Jockeys, die den Schwindel gleich erkennen,
Beweisen ihn, umdrängt von dichten Reihn.
Schon stellt der Toto seine Zahlung ein.
Das Volk radaut. Und die Tribünen brennen.

Als erster stürzt DER FREUND sich auf die Kasse,
Und trägt die Scheine im Zylinder fort.
Die Mailcoach wartet schon an der Terrasse.

In Alabama treffen sich die beiden.
Der Freund errichtet einen Kinderhort.
Fred übt den Lassofang auf Rinderweiden.

Der Zahnarzt

FRED ölt die Bohrmaschine als Dentist.
DER FREUND, im weißen Kittel, fesselt schon
An seinen Stuhl den dicken Herrn Baron
Und Bankier Epstein (fünfzig Jahre, Christ).

Dann fängt Fred an, ihn ernstlich zu bedrohn.
Da er zu keinem Opfer willig ist
— Indes der Bohrer immer tiefer frißt —
Greift er zum Hebel für die Extraktion.

Fred fordert nun ein Wöchnerinnenhaus.
Der Bankherr zögert lang mit dem Akzept.
Da werden neue Zangen hergeschleppt.

Herr Epstein füllt sofort den Wechsel aus.
Und in der Angst um seine letzten Zähne
Stützt er Freds Kunstzeitschrift: „Die Innenträne“.

Heinz

FRED lernt einmal auf einer Luxusreise
Frau Lippmann, eine reiche Witwe, kennen.
Als kurz vor Petersburg die Wagen brennen
Trägt er sie schwer verstümmelt vom Geleise.

Im Fieber fängt sie an nach „Heinz“ zu flennen.
Und stirbt. Fred fälscht die Erbbeweise.
DER FREUND vergiftet die Familiengreise.
Fred wird sich beim Termin „H. Lippmann“ nennen.

Der echte Heinz putzt in Chicago Schuhe.
Zur Wichsbank dient ihm die Familientruhe.
Fred kreuzt den Weg als bummelnder Verschwender.

Fred, der des Schicksals grelles Spiel erriet,
Schenkt ihm gerührt sein Banken-Deposit.
Dann reist er arm in unbekannte Länder.

Bluff

Der Kettensprenger

Houdini ringelt sich aus seinen Ketten.
Das Zuchthausgitter auf der Bühne bricht.
FRED, im Parkett mit höhnischem Gesicht
Beginnt die Handgelenke einzufetten.

Als Amateur steigt er ins Rampenlicht.
DER FREUND entriert nie dagewesne Wetten.
Fred knickt die Stäbe durch wie Zigaretten:
Die Welt durchfliegt der Sensationsbericht.

Fred mietet in New York ein Variété.
Am Eingang, wo sich stets die Menge rauft,
Steht schon am frühen Morgen: „Ausverkauft“.

Houdini stürzt sich in den Bodensee.
Krupp-Essen laboriert im Prüfungssaal,
Und sucht verzweifelt einen neuen Stahl.

Der Mord im Keller

Im Raum der unterirdischen Apaschen
Warf FRED ins Glas dem Fremden Kokain.
DER FREUND, der hilfereich als Arzt erschien,
Fischt dem Betäubten in den Manteltaschen.

Ein Polizist will seinen Browning ziehn.
Fred mußte ihn von hinten überraschen.
Ein Schuß. Gebrüll. Ein Scherbenberg von Flaschen.
Ein Toter! Fred und sein Genosse fliehn.

Zu Haus ölt Fred die Falltür zum Verschwinden.
Die Polizei kordont den Häuserblock.
(Die Doppeltüren knarren in den Spinden.)

— Bei der Beschießung schreibt ein Zeitungsschmock. —
Tief im Gebirge wird sie niemand finden;
Fred liegt im Bett, der Freund kocht steifen Grog.

Die Pariser Robe

Im weltberühmten Haus der Frühjahrsmoden
Entwirft der Chef die neuste Creation:
Die Seide singt wie blauer Flötenton.
FRED, ganz devot, in schlappem Hut und Loden

Steht mit dabei, und handelt um den Lohn
Als Hauspoet für die Reklame-Oden.
Die Muster gibt er schnell von Englands Boden
Ins neuerfundne Bildtelegraphon.

Drei Tage später trägt schon ganz New York
Die Schöpfung, die Paris noch gar nicht kennt.
(Das Haus „Paquin et Fils" fällt um wie Kork.)

Fred weist den Modezeichnern neue Spur:
Denn, siegt Amerika als Konkurrent
Bleibt für Paris doch nur die Nacktkultur.

Die Hinrichtung

DER FREUND sitzt im Gefängnis von Sing-Sing.
Der Priester kommt, der ihn zum Tod bereitet.
Er wird auf den Elektrostuhl geleitet,
Da man ihn jüngst bei einem Morde fing.

FRED, der als Techniker zur Rettung schreitet,
Ist am Zentraldynamo in Verding.
Er transformiert durch einen Tesla-Ring
Den Wechselstrom, daß er vom Körper gleitet.

Der Henker knipst, bis er die Platze kriegt.
Der Freund summt sich ein Walzerlied in Moll;
Als der Plafond lautlos in Splitter fliegt.

Von oben saugt die Vacuum-Maschine,
Und schlürft den Freund mitsamt dem Protokoll.
Im Blau verschwinden gelb zwei Zeppeline.

Politik

Das Attentat

Am Flügel sitzt DER FREUND mit der Sonate.
FRED reizt indes die Kili-Kili-Schlange.
Dann klemmt er sie mit einer Christbaumzange
In einen Rosenstrauß zum Attentate.

Als sich der Großfürst breit im Wagen nahte
Streift ihn der Strauß an seiner rechten Wange.
Im Séparé stirbt er beim zweiten Gange,
Miß Lily zieht entsetzt den Wirt zu Rate.

Die Polizei stellt sorgsam ihre Netze.
Scheinwerfer nachts bei wilder Dächerhetze.
Die Freunde flüchten in die Kohlenzechen.

Dort trifft man sich zu heimlicher Verschwörung.
Die Nihilisten feiern das Verbrechen.
Im Lande schwelt die Flamme der Empörung.

Der Stierkampf

Durch die Arena rast das Beifallsschrein.
Torero FRED dankt mit dem blutigen Degen:
Er winkt DEM FREUND die Hebel zu bewegen;
Wo der Infant sitzt, stürzt der Boden ein.

Der Freund fängt ihn geschickt im Trümmerregen;
Betäubt ihn hurtig mit gewürztem Wein;
Dann trägt man ihn bei rotem Fackelschein
Zu einem Haus, verschanzt und abgelegen.

Der Festtag wandelt sich zum d i e s a t e r .
Es wächst ein europäischer Skandal.
Man spricht von Freds Audienz im Escorial.

Fred rettet flugs das Kind aus dem Verließ.
Als Lohn begehrt er nur das „Goldene Vließ".
Und einen Brief nach Rom zum Heiligen Vater.

Der Papst

FRED geht zur Teezeit in den Vatikan.
Die Kardinäle sind beim süßen Eis.
Der Papst sitzt auf dem Thron in lichtem Weiß,
Und Fred entwickelt seinen Schlachtenplan.

„Man kauft Europas Heer um jeden Preis
(Chicago liefert Feldzugs-Pemmikan).
Der Kirchenstaat erhebt sich wie ein Schwan.
Diktator wird der Papst vom Weltenkreis."

Im Petersdom dampft Amber auf und Narde . .
(DER FREUND befehligt schon die Nobelgarde,
Indessen Fred als Schatzverwalter gilt.)

In dunkler Nacht verschwindet Fred nach Brüssel,
Ein Sammler übernimmt den Peters-Schlüssel,
Doch Petri goldnen Stuhl kauft Vanderbilt.

Das Duell

FRED schlürft in Bonn die Rheinluft mit Behagen.
Da naht „Borussias" Zweibändermann
Und redet Fred mit: „Servus Bauer" an.
Fred dreht sich um und boxt ihn in den Magen.

Am nächsten Tag steht man befrackt in Tann.
Freds Kraftblick läßt des Gegners Schuß versagen.
Er selbst trifft ihn am Halse überm Kragen.
(Ein Kindermädchen trauert in Lausanne.)

Freds Haft vergeht nicht tatenlos auf Metz.
Bei jedem Morgenrundgang kinoskopt
Er aus dem steifen Hut das Festungsnetz.

Die Pläne, die Fred nach Paris verpfeift,
Druckt der „Matin". Der Deutsche Reichstag tobt.
Metz, als strategisch wertlos, wird geschleift.

Liebe

Der weiße Tod

Der müde Prinz warnt vor dem Gletscherspalt.
Der Milliardär verdaut die Table d’hôte.
Der Konsul spricht vom Unterwasserboot.
Der Opernstar, am Flügel, nachtigallt.

FREDS Finger sind am Halse von Miß Maud.
Er scherzt dabei; sie lacht in weichem Alt.
Schon ist das Perlenband in Freds Gewalt,
Da dröhnt Lawinensturz: der weiße Tod!

Die Eingeschlossnen brechen in die Knie.
Freds kühle Ruhe mildert das Entsetzen,
Er unterhält sie durch Salon-Magie.

Fred, mit Lyddit, sprengt gleich den Schnee zu Fetzen.
Von Maud umarmt verläßt er Chamonix.
(In Wien wird Aronsohn die Perlen schätzen.)

Auf Helgoland

FRED räkelt sich im weißen Ufersand.
Frau Ulla lächelt hinter ihrem Schal.
Vom Stahlmast gibt ihr Mann, der Admiral,
Depeschen. Fred küßt ihr vertraut die Hand.

Nachts öffnet die Geheimtür sich („brillant!“).
Der Gatte präsidiert beim Liebesmahl,
Als Fred geschickt den Chiffren-Schlüssel stahl.
Frau Ulla harrt umsonst im Schlafgewand.

In England baut man flugs zwei Dreadnoughts mehr.
Im Oberhause stürmen die Debatten.
Es hetzt die Presse gegen Deutschlands Heer.

Erregt kauft ganz Europa Panzerplatten.
Fred, der vorm Weltkrieg in die Schweiz entfloh,
Eröffnet ein Spion-Expreß-Bureau.

Die Texasbahn

Auf Mitteltexas dämmert letzte Helle.
FRED, der die Bahnzeit nach den Sternen schätzt,
Entfernt die Schrauben aus der Schienenschwelle.
Schon kommt erdonnernd roter Schein gehetzt.

Der Zug, der in die losen Schienen fetzt,
Springt hoch wie die getroffene Gazelle.
Fred trägt aus Leichenhaufen unverletzt
Miß Madderson. An einer nahen Quelle

Schlummert sie sorglos wie ein kleines Kind.
Blaß liegt der Mond. Der Kürbisklopfer flötet,
Bis daß der Tag durch die Agaven rinnt.

Und sie wacht auf und nestelt an den Haaren:
„Hast du auch meinen Vater gut getötet? —
Dann laß uns, bitte, nach Venedig fahren!"

Don Juan

Ein Teetisch ist verliebt für zwei gedeckt.
DER FREUND naht, von YVONNE lang erwartet;
Sie hat ein böses Rachespiel gestartet
(MISS ROAD sitzt auch schon hinterm Schrank versteckt).

LUISE weiß, was beide abgekartet.
Die alte Liebe zittert, neu geweckt.
Sie läuft zu FRED. In wildestem Affekt:
„Ich bin das Mädchen, das ihr alle narrtet . . .!“

Aus grünen Flaschen spritzt schon Vitriol.
Der Freund verschanzt sich hinterm Himmelbette.
Den Riegel sprengt der Schuß aus Freds Pistol.

Im Auto tadelt Fred: „Ich war bereit
Den ganzen Tag zu unserm Schluß-Sonette.
Was kosten deine Frauen mich für Zeit!“

Das Ende

Man sieht drei Männer sich zusammenrotten.
Die Feder wühlt in ungeheuren Dingen.
Revolver. Damenpreise. Sturmflugschwingen.
Gift. Banken. Päpste. Masken. Mördergrotten.

Gefängnis. Erben. Alte Meister. Flotten.
Agaven. Bettler. Knallgebläse. Schlingen.
Eilzüge. Schmöcke. Perlen. Todesklingen.
Sprengstoff. Lawinen. Kieler Kindersprotten.

FRED surrt auf kleinen Röllchen nach dem Pol;
DER FREUND, am andern, sitzt auf allen Vieren.
Sie spiegeln sich als deutsches Volksidol.

Zum Affenhause wird der ganze Kies.
GREIFF (Meisterdetektiv) geht drin spazieren.
Man wundert sich. Und draußen liegt Paris.

9 789356 788596

Printed at Repro India Ltd.